AF224378

# FAUT-IL ÉCRIRE

## JEANNE DARC OU JEANNE D'ARC ?

Par **F. BOUQUET**, Professeur au Lycée de Rouen.

Le moyen le plus sûr de répondre à cette question paraît être l'exposé historique des faits et la discussion des arguments produits pour justifier les deux manières d'écrire ce nom.

Deux camps opposés se sont formés de nos jours, l'un des champions, l'autre des adversaires de l'apostrophe. Depuis une douzaine d'années, bien des passes d'armes, généralement fort courtoises, ont eu lieu autour de ce petit signe orthographique, sans que jamais on ait mis jusqu'ici le pour et le contre en présence ; de sorte qu'on a lu souvent l'attaque sans connaître la défense, et réciproquement. Mais aujourd'hui, il semble à propos de placer les adversaires en face les uns des autres, et de juger, autant que possible, la valeur de leurs arguments, de façon à provoquer, sinon à donner, par cette condensation des éléments de la question, une solution définitive.

Tout le monde est d'accord sur ce point que, pendant plus de deux cents ans, on a invariablement écrit le mot *Darc* sans apostrophe. Les pièces authentiques, les récits des historiens, manuscrits ou imprimés, ne laissent aucun doute à cet égard.

Jusqu'au milieu du XVIIe siècle, il n'y a qu'une seule dérogation à cette façon de l'écrire, le sonnet anonyme imprimé à Orléans en 1576, où se trouve le premier exemple de la forme *d'Arc*. Mais ce n'était là qu'un fait accidentel ; car les parents eux-mêmes de Jeanne n'ont jamais mis d'apostrophe à ce nom. Ainsi, Jean Hordal, issu du troisième frère de la Pucelle, Pierre Darc, a fait un ouvrage intitulé : *Heroinæ nobilissimæ Ioannæ* DARC, *vulgò Aurelianensis Puellæ, Historia,* Pont-à-Mousson, 1612. Il n'y met pas d'apostrophe.

Charles du Lis, autre descendant de cette famille, né vers 1559, « con-« seiller du Roy en ses conseils d'Estat et privé, son premier Aduocat Ge-« neral en sa Cour des Aydes à Paris, » a composé un *Traitté sommaire tant dv nom et des armes qve de la naissance et parenté de la Pucelle d'Orléans, et de ses frères. — Fait en octobre* 1612 *et reueu en* 1628. Pareillement il écrit toujours, sans apostrophe, le nom de ses ancêtres. Les cinquante-deux pages de son *Traitté* n'en portent pas plus la trace que les cent vingt-quatre pages du *Recveil de Plvsievrs inscriptions*, etc., faites à la louange de la Pucelle et de sa famille, mis en tête du *Traitté*.

On n'a point la charte originale qui anoblit la famille Darc, en 1429, mais seulement un *Vidimus* de Henri II, octobre 1550, dans le registre 260 (pièce 306) du Trésor des chartes, aux Archives de l'Empire. M. J. Quicherat l'a donné dans sa grande publication des deux *Procès*, et on y lit : Celebri mi- « nisterio Puellæ, *Johannæ d'Ay*, de Dompremeyo » (T. V, p. 150), avec apostrophe et avec altération du nom.

D'un autre côté, M. Levaillant de la Fieffe, traitant *De la noblesse de Jeanne Darc et de sa famille* (REVUE DE LA NORMANDIE, 1862, p. 555), cite, d'après « une expédition authentique qui se trouve à la direction des Ar- « chives de l'Empire, dossier K, 63, n° 9, » précisément le même passage, qu'il dit être *textuel*, et on y lit : « Celebri ministerio Puellæ *Johannæ* « *Darc*. »

Est-ce le même document qui a subi une classification nouvelle, dans l'espace de treize ans, et qui aura été lu de deux manières différentes ? Peut-être : mais il est permis d'affirmer que l'apostrophe, inconnue au xv$^e$ siècle, ne devait pas se rencontrer dans la charte originale, ni, par conséquent, dans le *Vidimus*, s'il en a été la reproduction fidèle.

Quant à *Day* substitué à *Darc*, ce n'est plus du tout le même nom, comme Charles du Lys l'a expliqué à l'endroit de son ouvrage, où il recherche *Quel est le nom au vray de la Pucelle et de ses parens*. « Cette Pucelle se trouue encore « nommée par aucuns autres, Ieanne Day, mais par corruption de langage, « pour ce que peut-estre ses frères ayant porté le nom du Lis, que le Roy « leur auoit donné en faueur d'elle, comme les descendans d'eux le portent « encore auiourd'huy, les Lorrains voisins le prononçoient grossierement, « à la mode de leur pays, Dalis, pour Dulis, comme on y dit encore à pré- « sent vne fleur dalis, pour vne fleur de lis ; de sorte que pour concilier ces « deux noms différens Darc et Dulis, n'en sçachant la cause et l'origine, ils « l'ont appelée Day, pour se conformer à la prononciation du pays ; ou bien « par quelque autre vice d'escriture, ou par incuriosité d'en rechercher plus « avant la vérité. Il est bien certain que son père s'appelait Iacques Darc, « comme il se voit par plusieurs tiltres de ses ancestres, et de ses freres, « oncles de ladite Pucelle ; et par le proces qui luy fut fait à Roüen, et par « celuy de sa iustification, où y a un grand nombre de tesmoins qui en dé- « posent pertinemment ; et par les armoiries mesmes des parents et autres « descendans dudit Iacquès Darc, qui portoient vn arc bandé de trois « flèches (1). »

(1) *Traité sommaire*, etc., ch. II, p. 6.

Outre l'explication du nom *Day* substitué à *Darc*, se trouve ici la preuve que les parents mêmes de Jeanne ne mettaient pas d'apostrophe au nom primitif de leur famille, ni à celui qu'on en avait fait par altération et qu'ils n'écrivaient ni *d'Arc*, ni *d'Ay*.

Et qu'on ne vienne pas dire qu'à l'époque où furent imprimés ces deux ouvrages, le *Recueil* et le *Traitté*, on n'employait pas l'apostrophe pour les noms propres de ville ou de famille. Elle figure toujours dans *Pucelle d'Orléans*, et la légende de la belle gravure représentant, dans le *Recueil*, l'Entrée de Charles VII à Reims, d'après une vieille Tapisserie, donne bel et bien l'apostrophe : « D. Le Duc *d'Alençon*; G. La Pucelle *d'Orléans* (1). » Il semble que l'apostrophe mise aux mots *d'Alençon* et *d'Orléans* aurait bien pu passer dans le nom propre *Darc*, si du Lis, pour un motif quelconque, l'avait jugée nécessaire. Si lui, membre de la famille, homme éclairé, en instance auprès de Louis XIII, afin d'obtenir la permission de joindre les armes de la branche aînée aux siennes, et ne négligeant jamais, dans ce *Traitté* destiné à justifier sa demande, de séparer la particule de son propre nom du Lis, s'il n'a pas mis une seule fois l'apostrophe au nom *Darc*, c'est qu'il ne devait pas, qu'il ne pouvait pas légitimement la mettre, en raison des idées de dignité, de fief, d'origine nobiliaire ou géographique que l'on commençait à y attacher alors. Ce n'est point par mégarde, c'est de propos délibéré que du Lis a toujours supprimé l'apostrophe, comme tous les poètes dont il a réuni les pièces de vers en écrivant le nom de ses ancêtres.

Au reste, on continua longtemps encore à l'écrire de cette manière, aussi bien dans les pièces authentiques que dans les imprimés. Lorsque Louis XIV fit rechercher les usurpations de noblesse, en 1666, Adrien Baillard, sieur de la Hétrelaye, demeurant à Conteville, près de Gaillefontaine (Seine-Inférieure), remit des lettres-patentes à M. Barrin de la Galissonnière, maître des requêtes, chargé de cette recherche pour la Généralité de Rouen. L'affaire fut renvoyée devant le Conseil d'Etat, le 10 août 1667, et voici le début textuel des conclusions du procureur du roi : « Le procureur du roi « ayant eu communication des pièces de l'exposant, dit qu'il tient pour con- « stant que du mariage de Jacques *Day* ou *Darc* et d'Isabeau Romée était « issue Jeanne *Day* ou *Darc*, appelée vulgairement la Pucelle d'Or- « léans (2). » Mais il repoussait la demande de ce membre de la famille.

On voit donc que l'apostrophe continuait à ne pas être employée pour ce

(1) *Recueil de plusieurs inscriptions*, en face de la page 98.

(2) *Noblesse de Jeanne Darc et de sa famille*, par M. Levaillant de la Fieffe, Revue de la Normandie, 1862, p. 562. — Il y est surtout question des membres de cette famille habitant la Normandie.

nom de famille, dans les pièces officielles, cinquante ans même après la publication de du Lis.

Il en est encore ainsi chez tous les historiens du siècle de Jeanne et des deux siècles suivants. Généralement ils la désignent par le surnom de *La Pucelle, Jeanne la Pucelle, La Pucelle de France, La Pucelle d'Orléans*. Mais quand ils mettent son nom de famille dans des textes français ou latins, ils écrivent toujours *Darc*, comme le faisait encore Pasquier au début du XVIIᵉ siècle (1).

C'est le XVIIIᵉ siècle surtout qui suivit et propagea l'orthographe inaugurée par le sonnet de 1576. L'abbé Lenglet-Dufresnoy l'imita, lorsqu'il donna son *Histoire de Jeanne d'Arc, vierge, héroïne et martyre d'Etat*. — Orléans, chez Couret de Villeneuve, 1753. Il est vrai que le titre du tome premier n'a pas d'apostrophe ; mais tout le corps de l'ouvrage et le titre des tomes II et III la donnent.

Depuis, M. de L'Averdy l'a admise, quand il a fait sa *Notice du Procès criminel de condamnation de Jeanne d'Arc dite la Pucelle d'Orléans*, tirée des différents manuscrits de la Bibliothèque du Roi. — NOTICE DES MANUSCRITS, T. III, 1790.

Il a été suivi par M. Le Brun de Charmettes, auteur d'une *Histoire de Jeanne d'Arc*, 4 vol. in-8, en 1817 ; par M. J. Quicherat, éditeur des *Procès de condamnation et de réhabilitation de Jeanne d'Arc dite la Pucelle*, 5 vol. in-8, de 1841 à 1849 ; enfin, par M. H. Wallon, *Jeanne d'Arc*, 2 vol. in-8, 1860, pour ne parler que des chefs de file.

Mais, d'un autre côté, l'apostrophe fut supprimée par des historiens et par des écrivains ni moins nombreux, ni moins recommandables, MM. Michelet, Henri Martin, Vallet de Viriville, Vuilliaumé, et, hier encore, M. de Lescure ; de sorte que les forces sont à peu près égales dans les deux camps, sans parler de la presse périodique, où se fait remarquer le même partage, la même divergence.

C'est après la publication complète des deux *Procès* par M. Quicherat que commença l'examen sérieux de la véritable orthographe de ce nom. La présence de l'apostrophe dans des pièces authentiques du XVᵉ siècle en fut la cause, apostrophe bien faite pour surprendre tous ceux qui ont quelque habitude des manuscrits de cette époque.

M. Vallet de Viriville publia un article dans le *Journal de l'Institut historique*, complété, en 1854, par un Mémoire plus étendu, intitulé : *Nouvelles Recherches sur la famille et le nom de Jeanne Darc*, où il montra que ce nom

____

(1) *Recherches de la France*, p. 555. — Il y a peut-être quelques exemples isolés de l'apostrophe à la fin de ce siècle et au début du XVIIIᵉ.

s'était toujours écrit sans apostrophe jusque dans le xvi⁰ siècle, et il s'appuyait sur la charte d'anoblissement et sur divers autres monuments authentiques, pour montrer qu'il en devait être ainsi. Il proposait donc de revenir à l'orthographe primitive, celle qui avait été en usage pendant plus de deux siècles, sauf l'exception unique du sonnet de 1576. Son principal argument c'est qu'il n'y avait pas d'apostrophe dans ces pièces, tout en reconnaissant que l'étymologie la plus probable du nom était le substantif commun *Arc*. C'était ainsi, du moins, que l'avait entendu l'une des branches de la famille, puisque les lettres-patentes de Louis XIII, du 25 octobre 1612, parlent, sur le témoignage de Charles du Lis, « d'armes qui sont d'azur à l'arc d'or mis « en fasce (1), » et auxquelles celui-ci pourra joindre les armes accordées par Charles VII à la Pucelle et à sa famille, d'après ce qu'elle en aurait dit au Procès. « Interrogée s'elle avoit point escu et armes : respond qu'elle « n'en eust oncques point ; mais son roy donna à ses frères armes, c'est as-« savoir, ung escu d'azur, deux fleurs de lis d'or et une espée par my ; et en « ceste ville (Rouen) a devisé à ung painctre celles armes, pour ce qui luy « avoit demandé quelles armes elle avoit. *Item*, dit que ce fut donné par « son roy à ses frères, à la plaisance d'eulx, sans la requeste d'elle, et sans « révélacion (2). » Quoi qu'il en soit de ces armes, dont on fit un chef d'accusation contre la Pucelle dans les soixante-dix articles extraits de ses interrogatoires (3), il est sûr qu'un de ses frères anoblis ne s'appelait plus, dès 1443, *Darc*, mais *du Lis*, nom tiré des armes octroyées (4).

---

(1) *Procès,* T V, p. 228. — Voir aussi le *Traitté sommaire,* etc., de Charles du Lis, qui rappelle « les armoiries mesmes des parens et autres descendans dudit Iacques « Darc, qui portoient un arc bandé de trois flèches. » p. 6. — « L'hérédité des noms, et, plus tard, celle des armoiries, qui en était le complément nécessaire, s'appliqua d'abord au fils aîné seulement. Les puînés en adoptaient un autre ; souvent celui de leur mère, de leur femme, ou d'une seigneurie... La distinction entre la branche aînée et les branches cadettes se perpétua assez longtemps dans les armoiries. Le droit de porter les armes pleines n'appartenait qu'à la branche aînée ; les branches cadettes étaient obligées d'ajouter des brisures. Les anciennes ordonnances accordaient même une action en justice pour permettre aux aînés de faire exécuter cette distinction. » *Origine, étymologie et signification des Noms propres et des Armoiries,* par M. Le Baron de Coston, p. 27. — Une des branches cadettes avait pris des armes qu'elle disait être celles des parents de Jacques Darc, au lieu de mettre des brisures dans celles qui avaient été octroyées à la famille.

(2) *Ibid.* T. I, p. 117.

(3) *Procès,* T. I, p. 300.

(4) *Traitté sommaire,* etc., p. 27.

Il faut remarquer encore, pour déterminer le sens attaché par la famille à ces armes, que, dans les vingt-trois pièces en prose et les cent-vingt inscriptions et pièces de vers, tant latines que françaises, contenues dans le *Recueil* de du Lys, et consacrées à la gloire de Jeanne et de sa famille, on adopte tout naturellement l'interprétation que lui-même avait donnée de ses armes, devenues pour lui des armes parlantes.

En voici quelques exemples :

### DE NOMINE IANÆ DARCIÆ.

*Arcus* bella notat, sed pacem Lilia, Iana hinc
Arcia quæ belli, Lilia facta domi est.

Id. L. QUATR. F.

Ailleurs, dans un sonnet :

### SUR LE NOM DU LYS DONNÉ A LA PUCELLE.

Son nom fut Darc, certain présage qu'elle
A coups de traits chasserait les malheurs
Qui sous l'Anglois la couuroient de douleurs.

En un autre endroit :

### SUR LE MÊME NOM DU LYS, DONNÉ AUX FRÈRES DE LA PUCELLE.

Iehanne Darc comme vn arc céleste
*Dardant ses traits* sur les Anglois,
Tira de la tombe funeste
Le glorieux nom des Françou (1).

ANNIBAL DE LORTIGUE.

Quelques-uns cependant de ces poëtes ont latinisé le nom de famille de la Pucelle par *Arxea*, comme s'il avait pour étymologie *Arx*, citadelle, et non plus *Arcus*, arc.

Mais cette affirmation donnée par un des descendants de cette famille qui portait un arc dans ses armes, et cette explication fournie par des poëtes à sa dévotion, obligés d'accepter ses idées, ne prouvent pas du tout qu'on entendait ainsi le nom propre *Darc* au temps de Jacques Darc, ni même qu'il eût des armes. La raison qu'on en peut donner, c'est que si le chef de cette famille eût eu des armes quelconques, c'eût été certainement en qualité de noble. Mais alors pourquoi Charles VII aurait-il anobli cette famille, en 1429, et lui aurait-il donné d'autres armes que les siennes ? Il est clair que

______

(1) *Recueil de plusieurs Inscriptions*, etc., p. 48, 47, et 20.

ces armes parlantes, servant à expliquer le sens qu'on attachait à ce nom de famille, n'existaient pas avant l'anoblissement et qu'on les a imaginées à une époque postérieure.

L'argument fit impression sur ceux qui voulaient l'apostrophe à cause d'une prétendue noblesse de la famille avant la faveur accordée par Charles VII ; aussi, n'a-t-on pas hésité à battre en retraite sur ce terrain.

En 1856, M. Athanase Renard publia, à Nancy, une dissertation sous ce titre : *De la véritable orthographe du nom de Jeanne d'Arc* (1), dont le but est de prouver la nécessité de l'apostrophe. A défaut du travail lui-même, le résumé, « le plus gros, » s'en trouve dans un journal, *l'Intermédiaire des chercheurs et curieux*, répondant à ceux qui demandaient s'il fallait écrire *Jeanne d'Arc* ou *Darc ?*

C'était une sorte de réponse à l'adresse de M. Vallet de Viriville et de ceux qui voyaient dans l'apostrophe un signe de noblesse.

D'après M. P. G. D. qui en donne l'analyse, « les preuves sont tellement « victorieuses que personne ne put y répondre ; on y adhéra de tous côtés « par écrit ou par son silence. » Au risque de paraître revenir sur cette adhésion tacite, forcément donnée par tous ceux qui ignoraient l'existence de ce travail, il sera bien permis, quoique tardivement, d'en discuter la valeur.

Pour premier argument, l'auteur du résumé dit : « En dépit d'une pré- « tendue rectification, qui a pu quelque temps surprendre les esprits mal « renseignés et s'arroger crédit, mais qui, je le répète, roulait tout entière « sur une méprise, la Pucelle d'Orléans ne s'est jamais appelée Jeanne « *Darc* ou *Darcq*, mais toujours parfaitement (comme l'exigeait sa forme « ablative) Jeanne *d'Arc* ou *d'Arcq*, c'est-à-dire, en latin du temps, *Johanna* « *de Arco, ou de Arcu ; Johanna ex Arco* ou *ex Arcu*. Car ses pères avaient « primitivement habité *Arc* ou *Arcq*, en Barrois (lat. *Arcum*) ; et lorsque « cette famille vint, au XIIIe ou XIVe siècle, se fixer à Dom-Remy, il lui « arriva (ce qui était alors l'usage) de recevoir, pour nom permanent et col- « lectif, dans son nouveau séjour, *le nom de sa bourgade originelle*. »

Ces diverses propositions, dénuées de preuves dans le résumé qu'en donne *l'Intermédiaire*, soulèvent des objections en assez grand nombre, et ne paraissent pas aussi sérieuses qu'elles sont affirmatives.

D'abord ces formes *Johanna de Arco* ou *de Arcu*, et ces autres plus insolites encore, *Johanna ex Arco* ou *ex Arcu*, où les a-t-on rencontrées ? Les poètes écrivent *Darcia Virgo, Darcia puella, Jana Darcia, Jana Arcia, Arcia Virgo*

(1) No du 25 janvier 1866, p. 42-45. — Voir le travail lui-même, t. XXII *des Mémoires de l'Académie de Stanislas* (à Nancy), p, p. 543 à 558.

ou *Jana Arxca*. On peut répondre que les nécessités de la versification ont fait créer ces adjectifs, à cause de l'impossibilité de faire entrer *de Arco* ou *de Arcu* dans un vers. Sans doute ; mais la prose met constamment (au moins dans les nombreux textes consultés) *Puella, Johanna Puella, Puella aurelianensis*, etc., (1) et non *Johanna de Arco* ou *de Arcu, ex Arco* ou *ex Arcu,* dont l'emploi lui eût été si facile. Il est à croire que cette alliance de mots a été imaginée par l'auteur de la dissertation, pour mieux faire saisir sa théorie de « la forme ablative, » et que ce latin est de lui, et non « du temps. »

Il faut remarquer encore que, dans le raisonnement de l'auteur, qui va être discuté plus bas, il est impossible de rencontrer indistinctement les deux formes *de Arco* ou *de Arcu,* puisque l'une viendrait de *Arcum, Arc-en-Barrois,* dont il fait le berceau de la famille de Jeanne, et l'autre de *Arcus, arc,* explication que la sienne l'oblige à repousser. Si cette famille tire son nom du lieu de sa naissance, elle ne saurait, pour lui, le tirer d'ailleurs.

Mais il y a plus qu'un double sens impliquant contradiction. Afin de justifier l'apostrophe, on dit donc que la petite ville d'Arc en Barrois (arrondissement de Chaumont, département de la Haute-Marne), est *la bourgade originelle,* d'où seraient sortis Jacques Darc, père de la Pucelle, et ses propres ancêtres à lui-même. Mais Charles du Lis dit positivement le contraire : « Ses ancestres (de la Pucelle) sont prouenus du village de *Sefonds,* près de « Montirandel en Champagne, *où nasquit Iacques Darc son père* » (2). Ainsi, selon lui, c'est Ceffonds, près de Montier-en-Der, (arrondissement de Vassy, département de la Haute-Marne,) dans l'ancienne Champagne, qui fut le berceau de Jacques Darc et de sa famille, et on accordera sans peine qu'un membre de la famille, après des recherches faites spécialement sur cet objet, est digne de toute croyance, quand il l'assure, et quand il affirme que cela « se void par plusieurs tiltres et contracts du pays qui se trouvent en « la ville de Saint-Disier. »

Jacques Darc ne doit donc pas son nom au village d'Arc en Barrois, et son nom ne doit pas prendre l'apostrophe pour rappeler ce lieu *qui n'est pas sa bourgade originelle.*

Vient un second argument tiré de la manière dont Shakespeare a cru devoir traduire ce nom en Anglais. « Aussi Shakespeare n'a-t-il eu garde de « tomber dans l'erreur où est allé trébucher l'esprit inventif des savants « modernes. Lui, de qui pourtant les yeux anglo-saxons se fussent si bien

(1) « Joanna, quæ vulgo per omnem Galliam « Puella » appellabatur. » — Thomas Basin, Hist. du règne de Charles VII et Louis XI, (Edit. de la Société de l'Histoire de France.) T. I, p. 67.

(2) *Traitté sommaire,* etc, ch. II, p. 7.

« accommodés d'un monosyllabe, *Darc* ou *Darcq*, pour peu que la chose
« lui eût paru admissible, il écrit tout simplement *Joan of Arc*, comme
« l'exige le vulgaire sens commun gaulois. »

Tout d'abord il semble assez extraordinaire d'aller demander à un poète
étranger la véritable manière d'écrire un nom propre français; mais, après
tout, il est bien permis d'aller chercher des arguments partout où l'on croit
en rencontrer. Seulement Shakespeare s'est-il vraiment demandé, en écrivant *Joan of Arc*, si le village d'Arc en Barrois était ou n'était pas la *bourgade originelle* des ancêtres de Jeanne ? A-t-il mis *of Arc*, en deux mots,
parce que la forme monosyllabique *Darc* ou *Darcq* lui paraissait défectueuse (1)?
Il semble avoir songé à tout autre chose.

C'est dans la première partie de sa tragédie, *le Roi Henry VI*, que Shakespeare a écrit *Joan of Arc*. Ce nom se trouve ainsi traduit dans le tableau des
personnages : « Joan la Pucelle, commonly called *Joan of Arc*, » c'est-à-
dire : « Jeanne la pucelle, communément appelée *Jeanne d'Arc*. » Il est ré-
pété deux fois dans le cours de la pièce (Acte II. sc. 2, et Acte v, sc. 4). Partout ailleurs, il y a simplement *la Pucelle*, ou *Joan la Pucelle*, suivant le
langage général des contemporains de Jeanne et du temps où Shakespeare
composait sa pièce (2).

Mais cette traduction ne repose pas sur le motif qu'on lui attribue. Le
poète y a été déterminé plutôt par une combinaison dramatique, née de sa
haine d'Anglo-Saxon contre la France. Il a mis *Joan of Arc*, comme il a mis,
dans cette même pièce, *Duke of Anjou*, *Duke of Burgundy*, *Duke of Alençon*,
c'est-à-dire avec la particule nobiliaire, pour avilir et mieux dégrader notre
héroïne. Cela résulte clairement de l'endroit de la pièce où figurent ces
mots et du langage qu'il prête à Jeanne. Ils sont dans cette scène odieuse
où Jeanne, après sa condamnation, renie son père, simple berger, quand
celui-ci la retrouve en Anjou, au milieu du camp anglais. Le vieillard l'ap-
pelle affectueusement sa fille et s'offre pour mourir avec elle, et la Pucelle
le repousse durement en lui disant « qu'elle ne le connaît pas, et qu'elle est
« d'un sang plus illustre dont ses ennemis ont voulu ternir la noblesse. »

(1) Elle a cependant été adoptée par d'autres Anglais « Ferguson, *The Teutonic
Name System*, p. 397, rattache le nom *Darc*, qu'on retrouve dans son pays sous les
formes *Dark, Darch,, Darkin* à *Dark*, brun, noir, en anglais, *Deorc* en anglo-saxon. »
— Note de M. le baron de Coston, *Origine étymologie et signification des noms propres
et des armoiries* 1867, p. 336.

(2) Les trois parties de *Henry VI* ont été composées de 1589-1591. — Shakespeare
est mort en 1616.

> « Decrepit miser ! base ignoble wretch !
> « *I am descended of a gentler blood ;*
> « Thou art no father, nor no friends, of mine. »

(ACTE V, SC. 4.)

« Misérable vieillard ! Vile et basse créature ! *Je suis descendue d'un sang* « *plus illustre* ; tu n'es ni mon père, ni du nombre de mes amis. »

Un peu plus loin, elle y revient encore, en s'adressant à son père, au duc d'York et au comte de Warwick :

> « Peasant, avaunt ! — You have suborn' d this man,
> « Of purpose *to obscure my noble birth.*

(ACTE V, SC. 4.)

« Paysan, arrière ! — C'est vous qui avez suborné cet homme dans le « dessein *de ternir ma noble naissance.* »

Un rôle conçu dans cet esprit exigeait, pour que la forme du nom répondît au langage prêté à l'héroïne, la particule nobiliaire. Voilà pourquoi Shakespeare a mis *Joan of Arc*, au lieu de « s'accommoder d'un monosyllabe Darc ou Darcq, » dans ce passage où tout est travesti, tout est faux, le lieu de la scène, les faits historiques, le caractère de l'héroïne, et jusqu'à l'orthographe de son nom.

Shakespeare ne vient donc point en aide à la thèse soutenue à Nancy, puisque sa préposition *of*, représentant l'apostrophe, a une valeur généalogique et non géographique, comme on l'a supposé. Contredite par l'affirmation de Charles du Lis, cette thèse l'est encore par le sens intime et non littéral du texte de Shakespeare, gratuitement invoqué.

La dissertation continue, d'après l'analyse de l'*Intermédiaire*, en rappelant des principes et des procédés usités dans la confection des manuscrits. « A la vérité, dans la plupart des vieux manuscrits français qui parlent de « l'héroïne, *l'apostrophe* est omise...... C'est l'inévitable effet d'une règle, « abusive et bizarre, mais générale, qui régnait chez les scribes à l'époque « où nous parlons...... Non seulement l'élision n'est marquée par aucune « *apostrophe*, ni par aucun *intervalle*, de sorte qu'il y a pleine coalescence « apparente ; mais, en outre, si le terme se trouve être soit un titre de di- « gnité, soit un nom propre, et qu'il ait droit à la majuscule, — alors les « dimensions et la forme majusculaires qui appartenaient à son initiale, se « reportent en arrière sur la consonne de l'article ou de la préposition..... « Cette pratique forçait les gens de plume à transformer *Jeanne d'Arc* en « *Jeanne Darcq* (*Darc* plutôt), comme le pape *d'Avignon* en pape *Davignon*. »

Tout ceci est vrai, mais seulement « pour un titre de dignité et pour un « nom propre qui a droit à la majuscule. » On trouve, en effet, *Dalbret*, *Darmagnac*, *Dalençon*, le roi *Dangleterre*, le pape *Davignon*, etc., et on doit les écrire, de nos jours, *d'Albret*, *d'Armagnac*, *d'Alençon*, le roi *d'Angleterre*, le pape *d'Avignon*, etc., parce que ces noms appartenaient à des familles nobles qui tiraient leurs dignités des villes ou des pays dont elles portaient les noms, et qu'elles avaient droit à la majuscule. Cependant, le moyen de s'y reconnaître pour tous les noms propres de cette époque, commençant également par la syllabe *Da,* par exemple, n'ayant pas droit à la majuscule, parce qu'ils n'étaient pas des titres de dignité, mais la portant néanmoins comme noms propres, puisque tout nom propre commençait par une majuscule? Comment s'en tirer pour Pierre *Dangerel*, secrétaire de Charles VI, Maître Jehan *Darcies* et *Darguery* Aymery, écuyer du duc d'Orléans, et *Darcion*, valet de sommiers et page du duc de Berry ? M. Douët d'Arcq, ayant trouvé ces noms avec une majuscule dans les manuscrits, aurait donc dû leur conférer l'apostrophe dans l'imprimé. Cependant, il les en a privés, tandis qu'il mettait une apostrophe à Jean *d'Ailly*, Charles *d'Albret*, Jean *d'Alençon*, Louis *d'Anjou*, Bernard *d'Armagnac* (1). La différence de ces deux manières d'écrire des noms commençant par les mêmes lettres, vient de ce que ces derniers noms appartenaient à des familles nobles, et les autres à des familles roturières. C'est donc une exception à la règle trop générale posée plus haut, et si l'apostrophe doit être supprimée, comme cela n'est pas douteux, dans les noms des familles de cette dernière classe, elle doit l'être aussi dans Jeanne *Darc*, dont le nom de famille ne rappelait ni un titre, ni une dignité, ni un lieu quelconque.

Puis l'analyse se termine par cette remarque : « Du reste, il va sans dire « que la Pucelle n'était point née dans la classe noble et n'y songeait guère ; « mais qu'est-ce qu'ont à voir ici les questions nobiliaires ? Qu'a de commun « avec le fait, soit de la noblesse de quelqu'un, soit de sa roture, la pré-« sence ou l'absence devant son nom, de la syllabe *de*? Chercher de liens de « dépendance entre deux choses si diverses, c'est une erreur des plus ab-« solues, mais aussi des plus récentes, car elle n'a pris naissance qu'au « siècle dernier..... La particule *de* n'est pas le signe de la noblesse, mais « purement celui d'un *nom de lieu*, employé soit au génitif, soit (plus souvent), à l'ablatif. » Vraie, en général, cette remarque ne s'applique point à la famille *Darc*, qui n'était point originaire *d'Arc* en Barrois, mais de *Ceffonds* en Champagne, comme on l'a vu plus haut.

(1) *Choix de pièces inédites relatives au règne de Charles VI*, publié par la Société de l'Histoire de France, 2 vol.

Toute cette dissertation roulant sur ce fait supposé, il en résulte que les conséquences sont également erronées, et ne démontrent point la nécessité de mettre l'apostrophe dans le nom de famille de notre héroïne.

Afin d'en justifier l'emploi dans sa *Jeanne d'Arc*, en 1860, M. Wallon s'autorisait surtout « de l'étymologie la plus probable du nom. » Le substantif commun *Arc*, d'après les armoiries dont parle du Lys. Puisque « c'était le « sens que la famille attachait à ce nom, il est bien légitime de l'écrire « comme elle l'entendait. De son temps, elle l'écrivait *Darc*, mais depuis « l'usage de l'apostrophe, on a le droit de l'appliquer à ce nom cemme aux « autres ; ou, pour être conséquent, il faudrait écrire, comme autrefois, « Dharcourt, Darmagnac, etc. ; car peu importe que le mot exprime un lieu « ou autre chose »

Ces derniers mots *autre chose* montrent que M. Wallon n'adopte pas complètement l'explication de Nancy, qui fait un nom de lieu du mot *Darc*. Mais la conséquence qui précède n'est pas aussi rigoureuse que le croit le savant historien. Car on met et on doit mettre l'apostrophe à des noms nobiliaires, écrits sans apostrophe au xv^e et au xvi^e siècle, sans qu'il soit nécessaire pour cela de la faire figurer dans des noms roturiers. Pourquoi vouloir attacher, bon gré, mal gré, une signification positive à ce nom de famille ? Il peut bien n'en avoir pas plus qu'une foule d'autres noms propres auxquels il serait impossible d'attribuer un sens plausible. Tel semble être le nom *Darc*, que la famille anoblie quitta bientôt pour celui de *du Lis*.

Enfin M. Wallon, en conservant l'apostrophe, « se conforme à l'usage « suivi depuis (Charles du Lys) et consacré, on le peut dire, par le livre qui « sera désormais la source de toute histoire de Jeanne d'Arc : l'édition des « deux *Procès,* par M. J. Quicherat (1). » C'est vrai que M. Quicherat a mis partout l'apostrophe au mot *d'Arc* dans la publication des deux *Procès;* mais doit-il, en dehors de son titre qu'il a pu disposer à son gré, faire autorité ? On a précisément protesté, et à bon droit, il semble, contre cette présence de l'apostrophe dans les textes authentiques cités par M. Quicherat, apostrophe que ne lui offraient pas les manuscrits.

Loin d'imiter ces exemples de ses devanciers, M. Villiaumé la rejeta de son *Histoire de Jeanne Darc et réfutation des diverses erreurs publiées jusqu'à ce jour*, où une *Note* intitulée : *Du véritable nom du père de Jeanne Darc* (2), discute ainsi l'emploi de l'apostrophe dans la publication de M. J. Quicherat :

---

(1) *Jeanne d'Arc, Appendice sur le nom de Jeanne d'Arc*, t. I, p. 230. — Quelquefois, cependant, M. Quicherat lui-même, citant le titre de plusieurs manuscrits latins sur le *Procès*, supprime l'apostrophe. Voir t. V, p. 409, 424, 441.

(2) P. 405-408.

« Entr'autres motifs qui m'ont fait adopter cette manière d'écrire le nom
« *Darc*, je déduis les suivants :

« 1° Toutes les expéditions manuscrites et quasi contemporaines du pro-
« cès de condamnation et de celui de révision portent *Darc* et non *d'Arc* ;

« 2° Jean Hordal, descendant d'un frère de Jeanne, écrit constamment
« *Darc*, dans son *Histoire*, imprimée en 1612, à Pont-à-Mousson ;

« 3° Un recueil de plusieurs inscriptions contemporaines ou peu posté-
« rieures à la Pucelle, publié en 1628, par du Lys, prouve également que
« son nom s'écrivait *Darc ;*

« 4° Edouard Richer, dans son *Histoire* manuscrite, ne met point non
« plus d'apostrophe. On peut voir, notamment, la première partie, folio 8,
« au verso, où le nom *Darc* se trouve trois fois ;

« 5° Enfin l'anoblissement de la famille de Jeanne, en décembre 1429,
« par Charles VII, prouve que son père n'était point noble et ne portait
« point un nom féodal.

« Je vais montrer que c'est par erreur que, dans sa publication des deux
« procès, M. Quicherat a mis partout une apostrophe au mot *Darc :*

« Les deux expéditions du procès de condamnation déposées à la biblio-
« thèque de la rue de Richelieu, n° 5965, folio 60, recto, et n° 5966, folio 8,
« verso ; et celle déposée au Palais-Bourbon, folio 40, verso, portent *Darc ;*
« M. Quicherat, tome I^er^, p. 191, écrit le même mot *d'Arc*.

« Cette dernière, au folio 12, verso, porte *Darc ;* M. Quicherat écrit le
« même mot *d'Arc*, t. I, p. 46.

« L'expédition du procès de révision, provenant du Trésor des Chartes,
« au folio 203, verso, et celle de Notre-Dame, folio 178, recto, portent en
« trois passages *Darc* ; M. Quicherat, t. III, p. 355, les transcrit en mettant
« *d'Arc*. Il en est de même des autres passages des expéditions authentiques
« et des copies, notamment de celle de Saint-Victor et de d'Urfé ; il serait
« superflu de pousser plus loin la preuve des erreurs de transcription com-
« mises par M. Quicherat.

« On a allégué qu'au quinzième siècle on ne mettait point d'apostrophe aux
« noms qui commençaient par une voyelle avec une particule, et que l'on
« écrivait, par exemple, *Dalençon* pour *d'Alençon*. Mais, en ce cas, lorsqu'on
« écrivait le nom en latin, on mettait *de* pour la particule ; comme on le
« voit pour le nom d'Estivet, *de Estiveto*. (Voir t. I, p. 7, 25, 40 et t. III,
« p. 144, 162). On eût donc écrit *de Arco* et non pas *Darc*, dans le passage
« latin, s'il eût fallu une apostrophe. »

Ces raisons si sérieuses n'ont guère trouvé de contradicteurs, et l'on con-
vient généralement, même parmi les plus chaleureux partisans de l'apostrophe, qu'elle ne se rencontre pas dans les manuscrits ; mais on n'en main-

tient pas moins la nécessité de l'introduire dans les ouvrages de notre époque, pour les raisons exposées plus haut.

Cependant, ce qui doit mettre en défiance contre cette doctrine, tant soit peu inconséquente, c'est la diversité même des raisons qu'on allègue pour la justifier. L'un réclame l'apostrophe, parce que *Darc* est pour lui un nom de lieu, dont il fait bien gratuitement la *bourgade originelle* de la famille portant ce nom ; un autre, parce que les armes de la famille prouvent qu'elle voyait un *arc* dans son nom, tout en l'écrivant elle-même comme si elle n'en voyait pas ; un autre, parce que telle personne l'a écrit ainsi, à tort ou à raison, proclame la nécessité de l'imiter ; enfin quelques-uns y tiennent encore pour constater la noblesse imaginaire de Jacques Darc, comme le montre clairement la faveur de l'anoblissement accordée par Charles VII. Ces explications multiples ne prouvent pas, tant s'en faut, qu'on soit sur le chemin de la vérité, dans les explications données pour le maintien de l'apostrophe.

Puisqu'on ne peut donc justifier la nouvelle orthographe (car l'apostrophe est d'invention moderne) par des explications plausibles, pourquoi ne pas respecter et reprendre l'ancienne orthographe, où *Darc* s'écrivait sans apostrophe ? Elle a pour elle la consécration du temps, de la famille, des pièces authentiques ; l'exemple de tous les écrivains, sans partage, pendant plus de deux siècles, et l'exemple aussi d'un bon nombre de nos contemporains qui ne sont pas sans valeur. Ce retour uniforme aux habitudes du passé aurait le double avantage de ne pas laisser croire à une origine nobiliaire, que beaucoup de personnes attachent encore à l'apostrophe (1), et de signaler aux yeux l'humble origine de celle qui sauva la France, et dont les parents « fort gens de bien, craignant et aimant Dieu, « avoient peu de moyens et vivaient d'un peu de labourage et de bétail « qu'ils nourrissaient (2). »

Par un juste sentiment de la vérité, *le Comité de souscription pour le rachat de la Tour de Jeanne Darc* (parce qu'elle y a été interrogée), *et l'érection d'un monument en son honneur*, a donc bien fait de supprimer l'apostrophe dans le nom de l'héroïne, toutes les fois que les lettres circulaires, appels

---

(1) Le Journal l'*Union*, qui a été réfuté par le *Moniteur de l'Armée*, dont le *Moniteur du soir* a cité l'article, 12 août 1866. — Le 13 juillet précédent le *Moniteur du soir* avait donné un article plus développé sur le *nom de Jeanne Darc* dont voici la conclusion : « Il résulte donc de tout ceci que la forme *Darc* est préférable à toutes les autres, comme étant plus conforme aux règles étymologiques et à l'origine populaire de la jeune fille qui se rendit illustre par son courage et par son patriotisme. »

(2) Ed. Richer. *Histoire manuscrite de la Pucelle d'Orléans*. Bibliothèque impériale S. F. 4907.

de souscription, etc., ont dû le mentionner. Ce ne sont pas les deux ou trois observations venues de Nancy ou de Paris, reproduction textuelle des arguments discutés plus haut, sans preuves nouvelles, qui doivent lui faire abandonner la bonne voie où il s'est engagé. Il doit y persister plus que jamais, quand il voit un érudit, après quinze années d'étude sur l'origine et l'étymologie des noms propres, trancher la question en ces termes : « La véritable orthographe du nom de Jeanne *Darc*, et de celui de plusieurs familles obscures contemporaines de la Pucelle, ne comportait pas la particule. Cette suppression avait sans doute pour but de faire disparaître toute idée de prétention nobiliaire (1). »

Il est temps de revenir à l'orthographe qui, pendant des siècles, a été celle de la famille de Jeanne, et n'est point du tout une innovation, mais un simple retour aux habitudes du passé. Il est temps de renoncer complètement à l'orthographe nouvelle, inaugurée en 1576 par ce poète d'Orléans, qui lui octroya le premier des lettres de noblesse en mettant une apostrophe à son nom. On doit le faire encore pour ne pas avoir l'air de « s'imaginer qu'un signe alphabétique possède une vertu magique, qu'une particule nous transforme, qu'une apostrophe nous grandit, qu'une majuscule déplacée nous élève au-dessus du commun, » comme le disait éloquemment un honorable membre de la magistrature française (2), dans une de ces affaires de changement de nom et d'usurpation de noblesse si fréquentes de nos jours.

Nota. — Ce travail était imprimé quand une note de l'édition abrégée de la *Jeanne d'Arc* de M. Wallon, publication toute récente, est venue nous révéler que le savant historien persistait dans l'emploi de l'apostrophe, parce que l'instrument appelé *Arc* lui paraissait définitivement la véritable étymologie du nom de cette famille, et qu'il lui répugnait de faire de Jeanne « la fille des ténèbres ! » C'est ainsi qu'est traduit le mot *Dark*, mis en avant par quelques étymologistes, pour expliquer *Darc*, nom de famille. Mais ce mot *Dark* signifie également *Noir* ou *Brun* (voir plus haut, page 9), et n'a-t-il pas pu, suivant l'usage ordinaire, être donné à cette famille pour accuser une qualité physique dominante chez l'un de ses membres, la couleur, par exemple, soit des yeux, soit du teint, soit des cheveux, d'où lui serait venu son nom à elle-même ? Il n'y a rien là d'impossible, quand on se rappelle que Jeanne « avait la figure d'une paysanne et les cheveux *noirs*. » « Erat rusticanaque facie et « *nigro* capillo. » M. Quicherat, *Procès*, t. IV, p. 523.

(1) *Origine, étymologie et signification des Noms propres et des Armoiries* par le baron de Coston 1867, p. 336.
(2) M. le Procureur-général Léo Dupré.

Rouen.—Imp. E. Cagniard.

BIBLIOTHEQUE NATIONALE DE FRANCE
3 7502 00988062 8